LES
POUVOIRS DU FILS DE FAMILLE
SUR SON PÉCULE CASTRANS
ET
LA DATE DES DIGESTA DE JULIEN

1. Connexité entre les deux questions. Objet du présent article. — **2.** Selon M. Fitting, avant Hadrien le fils de famille n'aurait pu ni donner ni léguer *per vindicationem* un objet, ni affranchir un esclave de son pécule castrans. Objections générales de Windscheid contre cette surprenante doctrine. — **3.** Donations : le fr. 15, D. (39, 6), loin de favoriser la thèse de M. Fitting, implique au contraire pour le fils de famille le droit de faire des donations sur son pécule castrans. — **4.** Legs : rien à tirer de la Glose de Turin en faveur de la thèse en question. — **5.** Affranchissements : le fr. 19 D. (49, 17) invoqué par M. Fitting est altéré par abrévation ou interpolation glossématique : preuves tirées du fond. — **6.** Preuves tirées de la forme. Même pur, le texte ne prouverait rien pour la thèse de M. Fitting. — **7.** Conclusion : même avant Hadrien le fils de famille pouvait affranchir les esclaves de son pécule castrans; par conséquent Julien, en supposant dans le fr. 22 D. (38, 1) la validité de cet affranchissement, ne fait pas application d'un rescrit d'Hadrien qui l'aurait pour la première fois permis. On ne saurait donc en conclure qu'il a dû connaître et appliquer tous les rescrits d'Hadrien relatifs au pécule castrans. — **8.** De fait, à une époque où les rescrits n'étaient pas publiés, rien ne prouve que Julien ait dû connaître le rescrit mentionné par Marcien fr. 22 D. (38, 2); même s'il l'a connu officieusement, il a pu le considérer comme une faveur spéciale. — **9.** Enfin il est matériellement impossible qu'une décision, de quelque autorité qu'elle émane, ait force de loi générale réglant désormais tous les cas analogues, tant qu'elle n'est pas *publiée*. Or les rescrits ne furent publiés et colligés qu'après Hadrien. — **10.** Diverses corrections au fr. 18 D. *Quod metus causa*, 4, 2. **11.** Ce texte est extrait du livre 4 et non du livre 64 des Digesta de Julien; remarques additionnelles sur ce point. Addenda et corrigenda à *N. R. H.*, t. 34, 1910, p. 731-793.

1. — L'accueil généralement favorable qu'ont rencontré les conclusions d'un article sur la date des *Digesta* de Julien, publié dans cette *Revue* (1), nous encourage à soumettre au public quelques observations relatives à un sujet en apparence éloigné, en réalité connexe : la date à laquelle certains pouvoirs ont été reconnus au fils de famille sur son pécule castrans. Les deux questions sont étroitement liées. En effet, si M. Fitting a enseigné (2) que le livre 27 des *Digesta* de Julien a été écrit sous Hadrien, opinion que des raisons très spécieuses avaient fait généralement admettre jusqu'ici, cela tient en grande partie à une erreur, que Windscheid (3) releva d'ailleurs dès que M. Fitting la développa dans son traité du pécule castrans (4) : M. Fitting a cru qu'avant Hadrien le fils de famille, même encore au service militaire, ne pouvait affranchir les esclaves de son pécule castrans, ni entre-vifs, ni par testament.

Les observations qui vont suivre ont pour but de réfuter cette opinion, d'expliquer les textes qui ont conduit M. Fitting à la professer, enfin de montrer comment cette erreur a engendré, ou du moins corroboré dans son esprit l'idée inexacte que le 27ᵉ livre des *Digesta* de Julien aurait été écrit avant la mort d'Hadrien. Ces développements auraient difficilement trouvé leur place dans l'article déjà long sur la date des *Digesta* de Julien : il vaut mieux y consacrer une étude spéciale.

Qu'il me soit permis de profiter de cette occasion pour apporter à l'article précité quelques corrections ou additions, suggérées pour la plupart par de savants romanistes que je remercie vivement de leurs utiles communications. Elles feront l'objet des deux derniers paragraphes de ce travail.

---

(1) *Nouvelle Revue historique*, tome 34, 1910, p. 731-793.

(2) *Alter und Folge der Schriften der römischen Juristen*, 1ʳᵉ édition, 1860, p. 4 et s., 2ᵉ édition, 1908, p. 25 et s.

(3) *Kritische Vierteljahresschrift für Gesetzgebung*, XIII, 1871, p. 256-257.

(4) *Das Castrense peculium*, 1870, pp. 96, 97, 128.

NOUVELLE REVUE HISTORIQUE

DE

DROIT FRANÇAIS ET ÉTRANGER

PUBLIÉE SOUS LA DIRECTION DE MM.

A. ESMEIN
Membre de l'Institut,
Professeur
à la Faculté de droit de Paris,
Président de section à l'Ecole
pratique des Hautes Etudes

G. APPERT
Docteur en droit

J. TARDIF
Docteur en droit
Archiviste-Paléographe

M. PROU
Membre de l'Institut
Professeur
à l'École des Chartes

P. DARESTE
Docteur en droit

P. F. GIRARD
Professeur
à la Faculté de droit de Paris

SECRÉTAIRE DE LA RÉDACTION

Félix SENN
Professeur à la Faculté de droit de Nancy

PRIX DE L'ABONNEMENT ANNUEL

Pour la France.............. .... **18 fr.**
Pour l'Étranger....................... **19 fr.**

LES
POUVOIRS DU FILS DE FAMILLE
SUR SON PÉCULE CASTRANS
ET LA DATE DES DIGESTA DE JULIEN
Par M. Ch. APPLETON

LIBRAIRIE
DE LA SOCIÉTÉ DU

RECUEIL SIREY
22, rue Soufflot, PARIS. 5e arrdt
L. LAROSE & L. TENIN, Directeurs

1911

2. — M. Fitting enseigne (1) que le droit d'affranchir les esclaves du pécule castrans a été accordé *pour la première fois* au fils de famille par un rescrit d'Hadrien, et cela postérieurement à la publication du livre 27 des Digesta de Julien. Selon le savant professeur de Halle, au moment où Julien écrivait ce livre, le fils de famille pourvu d'un pécule castrans ne pouvait faire, sans le consentement du *paterfamilias*, aucune donation, et cela même s'il était encore au service (et par conséquent autorisé à tester longtemps avant Hadrien).

Cette doctrine surprenante a été, dès son apparition, brièvement réfutée par un romaniste d'une grande autorité.

« Il est difficile d'admettre, dit Windscheid (*l. l.*) que « ce soit seulement par un rescrit d'Hadrien que le fils « de famille ait reçu pour la première fois le droit d'affran- « chir par testament. Le fils avait obtenu par des privilèges « impériaux le droit de tester, et il semble presque impos- « sible de restreindre cette faculté au droit d'instituer un « héritier et de comprendre cette faveur autrement que « comme la « *libera facultas relinquendi cui velit* » « dont parle le fr. 15, D. *de m. c. don.* 39, 6. Et même, de « ce droit de disposer par testament, il était si naturel de « conclure (2) au droit de disposer entre-vifs, qu'il serait « difficile de comprendre que la jurisprudence romaine « n'eût pas eu, depuis le temps, le courage de tirer cette « conclusion toute seule, sans s'appuyer sur des consti- « tutions impériales. Et c'est précisément ce qu'ont fait « Marcellus dans le fr. 15, D. 39, 6, cité et Ulpien, fr. 32 « § 8, D. *de don. inter.* 24, 1 et 7 § 6, D. *de don.* 39, 5 »

Ces textes posent le principe que celui qui peut tester peut donner entre-vifs et à cause de mort (3).

(1) *Das castrense peculium*, pp. 06, 97, 128.
(2) Windscheid aurait pu dire : *a fortiori*.
(3) Tester est plus que donner même à cause de mort, car le fils de

Donner à cause de mort (et *a fortiori* tester) est plus grave que donner entre-vifs, puisque, dit le fr. 7, § 5, D. *de donat.*, 39, 5, la permission de donner entre-vifs (accordée à un fils de famille muni d'un pécule *profectice*) n'implique pas celle de donner à cause de mort. Cela se comprend aisément : l'intérêt personnel du fils garantit le père contre les donations entre-vifs, mais non contre les libéralités à cause de mort. Le fragment cité ajoute immédiatement (§ 6) que les titulaires d'un pécule castrans peuvent donner à cause de mort et entre-vifs parce qu'ils ont la faculté de tester : « *cum testamenti factionem habeant* ». Et le fr. 32, § 8, D. 24, 1 montre bien la gradation entre les trois actes : donation entre-vifs, donation à cause de mort, testament, quand il dit que la permission de tester, accordée à un condamné, implique celle de donner *même à cause de mort* : « nam *et* mortis causa donare poterit, cui testari permissum est ».

3. — Ces objections n'ont pas échappé à M. Fitting (1). Si, malgré leur gravité, il a persisté à croire qu'au moment où Julien a écrit son 27ᵉ livre, le fils de famille, même encore militaire, ne pouvait, sans le consentement du père, faire une donation sur son pécule castrans, un legs *per vindicationem* ou un affranchissement, c'est qu'il a cru cette invraisemblable doctrine établie ou suggérée par divers textes.

En ce qui touche les donations, M. Fitting allègue un fragment, sur le sens duquel il s'est manifestement mépris, le fr. 15, D. *de m. c. don.*, 39, 6 :

a) Julianus, lib. XXVII Dig. Marcellus notat : Quum testamento *relinquendi cui velint* adepti sint filii familias *milites* liberam facultatem, credi potest ea etiam remissa *quae donationes mortis causa fieri prohibent.* Paulus notat : Hoc et constitum est, [et ad exemplum

famille, qui ne peut tester même avec l'autorisation de son père, peut, avec sa permission, donner à cause de mort, fr. 25, § 1, D. 39, 6.

(1) *Das castrense peculium*, pp. 96, 97.

legatorum mortis causa donationes revocatae sunt] (1).

« Chose remarquable, dit M. Fitting (*op. laud.*, p. 96), ce
« texte, quoique extrait des Digesta de Julien (livre 27)
« ne contient pas un mot de ce jurisconsulte, mais seu-
« lement deux notes, l'une de Marcellus, l'autre de Paul.
« Il en résulte avec une certitude absolue qu'au temps
« où Marcellus a écrit sa note, la faculté pour le fils de
« famille de faire des donations à cause de mort était
« encore contestée, et que ce droit ne lui a été entière-
« ment assuré que plus tard, par des constitutions impé-
« riales. Nous pouvons en conclure en outre que Julien,
« au 27ᵉ livre de ses Digesta, refusait absolument ce droit
« au fils de famille, donc qu'il n'existait pas alors. Cela
« ne résulte pas seulement de la note de Marcellus, qui
« se référait, ne l'oublions pas, à un passage de Julien,
« mais encore et surtout de ce que ce passage de Julien
« n'a pas été reproduit par Justinien. Pourquoi cela, sinon
« parce qu'il refusait au fils de famille la faculté de faire
« des donations à cause de mort, et par suite était con-
« traire au droit postérieur ? »

Mais le fragment en question est totalement étranger
à la question de savoir si le fils de famille militaire peut
ou non faire des donations à cause de mort. On n'y
demande pas *si*, mais *à qui* le fils de famille peut faire
ces donations, et Pothier (2) n'a même pas soupçonné
qu'on pût avoir la pensée de l'interpréter autrement
puisqu'il le range sous la rubrique : « *Quibus* testamento militari relinqui potest », en compagnie des
fr. 13, § 2, D. *de test. mil.* 29, 1 et 7, § 1, D. *de legatis*
3°, 32. Ajoutons la const. 5, C. *de test. milit.*, 6, 21 et
Gaius 11, §§ 110, 111.

Ces textes montrent que des constitutions impériales

____

(1) Les mots entre crochets sont une interpolation. Voyez Cujas, sur le
livre II, titre VI des Institutes; Lenel, *Pal.* I, 390, 2; P. Krüger, *Digesta*,
11ᵉ édition, p. 655.

(2) *Pandectae Justinianeae*, 29, 1, n° XI.

avaient accordé aux militaires le droit exorbitant de faire des libéralités testamentaires *à qui ils voudraient*, *quibus velint relinquendi*, dit la Constitution précitée(1) employant précisément les mêmes expressions que notre texte (fr. 15, D. *de m. c. don.* 39, 6), qui porte : *relinquendi cui velint.* En vertu de ce privilège, les militaires pouvaient gratifier testamentairement des pérégrins, des latins, des *cœlibes*, des *orbi*, et même des déportés, bien qu'il y ait eu, semble-t-il, un peu d'hésitation pour ces derniers incapables (2).

Ce privilège extraordinaire, de pouvoir gratifier même des incapables, avait été octroyé aux fils de famille militaires, soit par les constitutions qui leur ont permis de tester sur leur pécule castrans, soit par des constitutions postérieures. Mais les privilèges sont de droit étroit; celui-ci doit-il être étendu aux donations à cause de mort (3) alors que les constitutions qui l'accordent ne parlent que de testament?

Julien, au livre 27, ne s'était pas expliqué là-dessus (4); de là l'annotation de Marcellus. Les mots : *ea etiam remissa quæ donationes mortis causa fieri prohibent* font allusion aux dispositions du Sénatus-consulte qui avait étendu aux donations à cause de mort les incapacités de recevoir des legs (5). Marcellus estimait donc

---

(1) C. 5. C. *de test. mil.* 6, 21 (Alex. Sévère 225)... cum inter cetera, quæ militibus concessa sunt, liberum arbitrium *quibus velint relinquendi* supremis suis concessum est, nisi lex specialiter eos prohibuerit. — Ces derniers mots, interpolés par Justinien, visent un rescrit d'Hadrien qui excepte de cette permission générale de gratifier des incapables, la femme « in qua turpis suspicio cadere potest », fr. 41, § 1, D. 29, 1.

(2) Fr. 7, § 1, D. *De legat.* 3°, 32 : Si miles deportato fideicommissum reliquerit, *verius est*, quod et Marcellus probat, capere eum posse.

(3) Les incapacités de recevoir des legs avaient été étendues aux donations à cause de mort par un Sénatus-consulte, fr. 35, pr. D. 39, 6.

(4) Son silence était même forcé si le Sénatus-consulte mentionné à la note précédente n'était pas encore rendu au moment où il écrivait son 27° livre : la question soulevée par Marcellus ne pouvait même pas se poser.

(5) Voyez les deux notes précédentes.

que le privilège des militaires de pouvoir gratifier par testament même des incapables devait être étendu même aux donations à cause de mort faites à ces mêmes incapables ; Paul, à son tour, nous apprend que des constitutions avaient statué en ce sens, et les compilateurs en profitent pour souligner cette assimilation des donations à cause de mort aux legs, réalisée sur une plus vaste échelle par la constitution de Justinien (Code, VII, 56 [57] *de mortis causa don.*, 4).

Tel est le véritable sens de ce texte. Bien loin de soulever la question de savoir si le fils de famille militaire peut faire des donations à cause de mort sur son pécule castrans (ce qui va de soi, puisqu'il peut en disposer par testament, donc *a fortiori* par donation *mortis causa*) le texte *implique* cette possibilité, et demande seulement si le fils militaire peut donner à n'importe qui, même à des incapables de recevoir par testament.

4. — Conséquent avec son système, M. Fitting refuse, avant Hadrien, au fils militaire (autorisé à tester par Auguste, Nerva et Trajan au témoignage de Inst. II, 12, pr.; Hadrien s'étant borné à étendre ce privilège aux vétérans) le droit de faire un legs *per vindicationem*. Il croit trouver (*Castrense pec.*, p. 118, n. 4) une trace de cette extraordinaire situation (capacité de tester et par conséquent fiction de la qualité de *paterfamilias* relativement au pécule, et cependant impossibilité de léguer !) dans un passage de la Glose de Turin sur les Institutes, travail que l'on croit généralement contemporain de Justinien (voy. P. Krüger, *Sources*, p. 497, n. 1; Fitting, *Turiner Institutionenglosse*, 1870, p 5 et s.), du moins pour la plupart des gloses, car le copiste du Xe siècle en a certainement reproduit de plus récentes, ces auteurs le reconnaissent.

Les Institutes (II, 7, § 1) affirment que les donations à cause de mort ont été assimilées aux legs : « *fere per omnia* ». Le glossateur (glose n° 132) ajoute : « *Fere* dixit, quia filius familias habens castrense peculium donationem quidem mortis causa facere potest, legatum vero relinquere non potest » (!!). Suivant M. Fitting, le glossateur, en disant que le fils ne peut léguer les biens du pécule castrans, donne, il est vrai, une solution qui est fausse depuis Hadrien, mais qu'il n'a pu (??) inventer de son chef et qu'il a dû prendre dans un jurisconsulte ancien, antérieur à Hadrien.

Mais, d'abord, on ne voit pas bien un glossateur du temps de Justinien (1) allant chercher des renseignements ailleurs que chez les cinq prudents conservés par la loi des Citations, et s'adressant à un jurisconsulte antérieur à Hadrien, alors que, d'après l'*interpretatio* jointe à cette constitution (C. TH. I, 4, 3) dans la Lex Romana, les manuscrits des jurisconsultes antérieurs étaient introuvables à l'époque où a été composée cette *interpretatio*, ou les sources dont elle découle.

Puis n'est-ce pas faire trop d'honneur à un glossateur dont M. Fitting lui-même a relevé les nombreuses, les énormes, les inexcusables inepties (2) que de faire état

---

(1) Il n'est pas même certain que toutes les parties de cette glose soient de la même date : elle peut avoir reçu des additions très postérieures, (Fitting, *op. l.*, p. 5).

(2) Fitting, *Turiner Institutionenglosse*, p. 22 et s. Notamment (p. 25) M. Fitting observe que la lecture la plus superficielle des Institutes (III, 13, § 2 *in fine*) suffit pour connaître que les obligations contractuelles y sont divisées en quatre classes (*re, verbis, litteris, consensu*). Le glossateur ne l'a pas compris. Arrivé à Inst. IV, 1 pr. : « *Cum expositum sit superiore libro de obligationibus ex contractu et quasi ex contractu, sequitur ut de obligationibus ex maleficio dispiciamus. Sed illæ quidem, ut suo loco tradidimus, in quatuor genera dividuntur, hae vero unius generis sunt...* », il s'est figuré, par un contre-sens, que cette division en quatre s'appliquait non aux contrats, mais aux quasi-contrats ! Il se demande alors comment les Institutes, après avoir signalé *six* quasi-contrats, n'en comptent plus maintenant que *quatre* !!

Nous faisons grâce au lecteur de l'explication qu'il invente.

Sans doute M. Fitting fait une distinction. Tout en reconnaissant l'ignorance du glossateur quant au droit de Justinien, il lui reconnaît de la compétence pour le droit antérieur. Mais quelle confiance peut-on avoir en un juriste si peu intelligent qu'il ne comprend pas les choses les plus claires du

d'une affirmation qui, M. Fitting le reconnaît lui-même, était erronée, non seulement à l'époque où le glossateur l'a formulée, mais même auparavant et depuis quatre siècles?

M. Fitting lui-même, en reléguant dans une note la glose en question, montre qu'il se fait peu d'illusion sur son importance, et qu'il la cite plutôt comme document que comme argument.

Supposons pourtant, par impossible, que le glossateur ait reproduit le droit antérieur au règne d'Hadrien, quand il dit que le fils de famille — sans ajouter « *miles* » comme le font habituellement les jurisconsultes (1) — ne peut léguer, pourquoi ne pas l'entendre dans le seul sens où c'est incontestablement vrai avant Hadrien, du fils de famille libéré du service, lequel pouvait en effet disposer du pécule castrans de son vivant, même par donation à cause de mort (2), mais non tester avant la *subscriptio* d'Hadrien dont parlent les Institutes II, 12 pr.?

Entendu en ce sens, le seul où il puisse être exact, le texte ne fournit plus le moindre argument en faveur de l'idée si étrange qu'avant Hadrien le filius familias *militaire* pouvait à la vérité tester mais non léguer ou affranchir(!), puisqu'il y serait question d'un fils de famille *veteranus*.

5. — Autorisé à faire des legs, puisqu'il peut tester, et par suite des donations à cause de mort (fr. 15 D. *de m. c. don.* expliqué ci-dessus), le fils de famille militaire, pourvu d'un pécule castrans pouvait *a fortiori* faire des donations entre vifs, bien moins dangereuses pour le paterfamilias (3); il pouvait donc donner des

livre qu'il annote? Et puis qu'est-ce qui prouve que cette glose-là est ancienne? (Voyez la note précédente).

(1) Ulpien, Reg. XX, 10, Macer, fr. 26 D. *de test. mil.* 29, 1.
(2) Vinnius, commentaire sur Inst. II, 12 pr. numéro 2.
(3) Fr. 7, § 5 D. *de don.* 39, 5.

esclaves de son pécule castrans. *A fortiori* encore le fils de famille en question peut-il les affranchir entre vifs : « Libertas omnibus rebus favorabilior est. » (1). Quant à l'affranchissement testamentaire, il va de soi chez toute personne pouvant tester (2), droit qui appartenait bien avant Hadrien au fils de famille *militaire*. Par conséquent il n'est pas possible, *a priori*, qu'il ait fallu un rescrit d'Hadrien pour permettre au fils militaire d'affranchir les esclaves de son pécule castrans.

Comment donc M. Fitting a-t-il pu enseigner qu'Hadrien le premier avait permis cet affranchissement au fils de famille?

C'est qu'il a été égaré par un texte (3) certainement obscurci par des abréviations, qui creusent des lacunes dans le raisonnement et créent des difficultés inextricables, dans lesquelles se débattent plus ou moins heureusement tous les commentateurs, y compris M. Fitting qui ne consacre pas moins de 18 pages au commentaire du seul § 3. En outre, le texte a subi d'autres altérations.

Il est d'abord très probablement interpolé dans sa dernière phrase : « favorabilem tamen sententiam contrariam in utroque casu non negamus », comme le soupçonnait déjà A. Faber, *Jurisp. Pap.* XI, 6, 12 (4). D'abord « *in* utroque casu » est suspect en la forme (5); au fond, le texte raisonne dans un sens et conclut dans le sens opposé, indice décisif d'interpolation (6).

---

(1) Gaius fr. 122, D. *de reg. jur.* 50, 17.

(2) Pourvu qu'elle soit âgée de 20 ans, conformément à la loi Aelia Sentia. Gaius I, 40.

(3) Le fr. 19 D. *de castrensi peculio*, 49, 17, Tryphoninus libro 18 disputationum.

(4) *Contra* Fitting, *Das castrense peculium*, p. 318, n. 9, dont on connaît la répugnance à admettre les interpolations, répugnance relevée par Kübler, compte rendu de *Alter und Folge* etc., dans *Vierteljahresschrift* 3 F. t. XIII, p. 7 du tirage à part.

(5) Gradenwitz, *Interpolationen*, p. 88 et s., 232, 233; Henri Appleton, *Des interpolations*, p. 105 et s.

(6) Henri Appleton, *op. l.*, p. 181 et s..

Il est aussi interpolé au § 3 qui nous intéresse ici. Ce paragrphe est ainsi conçu :

« Pater peculii castrensis filii servum testamento liberum esse jussit; intestato defuncto filiofamilias, mox patre, quaeritur au libertas servo competat ? Occurrebat enim non posse dominium apud duos pro solido fuisse, *denique filium posse manumittere talis peculii servum Hadrianus constituit*, et si testamento tam filii quam patris idem servus accepisset libertatem, et utrique pariter decessissent, non dubitaretur ex testamento filii liberum eum esse... ».

Le texte est formel, dit M. Fitting : Hadrien a décidé que le fils pouvait affranchir l'esclave de ce pécule-là. Donc ce n'était pas sûr auparavant.

Mais il est impossible, pour des raisons nombreuses de fond et de forme, que Tryphoninus ait écrit, au moins *dans les termes où nous la lisons aujourd'hui*, la phrase en italiques : « denique.... constituit » :

1° Parce que, comme l'a montré Windscheid, dès qu'il y a eu un pécule castrans, dont le fils pouvait librement disposer non seulement entre vifs, mais même par testament, il a dû nécessairement pouvoir affranchir; une exception pour cet acte, d'ordinaire si favorable, serait inconcevable. Tryphoninus n'a donc pu voir dans cette faculté une innovation d'Hadrien.

2° S'il l'eût fait, il eût dit une chose fausse même dans les idées de M. Fitting. Car le savant Maître (p. 117-118) ne refuse au fils que le droit d'affranchir *directement* par testament; il peut, en instituant un héritier, *l'obliger* à affranchir (1). Au point de vue de l'affranchi, il y a une différence, et il lui est plus avantageux d'être affranchi directement, puisque alors il n'a pas de patron, mais *au*

____

(1) *Heres meus damnas esto Stichum manumittere.* On sait d'ailleurs que, depuis lo Snc. Néronien, tout legs, quelle qu'en soit la forme, vaut comme legs *per damnationem.* En outre peu importe la forme dans un testament militaire,

point de vue du droit de disposition du fils, c'est identique. La suite du texte montre d'ailleurs que Tryphoninus ne pense pas uniquement à l'affranchissement entre vifs (nam si *testamento* tam filii...). Puisqu'il est faux, même dans le système de M. Fitting, qu'avant Hadrien le fils militaire ne pouvait pas affranchir par testament, Tryphoninus, même dans le système de M. Fitting, n'a donc pas pu dire que la permission d'affranchir date d'Hadrien.

3° Aussi s'accordait-on, avant M. Fitting, à reconnaître que par cette phrase concise (1) Tryphoninus visait, non pas un rescrit permettant au fils d'affranchir les esclaves de son pécule castrans, ce qui lui avait été de tout temps permis, mais le rescrit d'Hadrien cité par Marcien dans le fr. 22 D. *de bonis libertorum*, 38, 2, décidant que ces affranchis ont pour patron le fils, et non le père.

Marcianus lib. I Institutionum : Si filius familias miles manumittat, secundum Juliani quidem sententiam, quam libro vigensimo septimo digestorum probat, patris libertum faciet, sed quamdiu, inquit, vivit, praefertur filius in bona ejus patri. — Sed divus Hadrianus Flavio Apro rescripsit suum libertum eum facere, non patris.

Si la phrase : « *denique... constituit* » n'est pas l'œuvre exclusive d'un compilateur maladroit, si vraiment Tryphoninus (fr. 19 § 3, D. 49, 17) a parlé d'un rescrit, c'est ce rescrit-là qu'il a eu en vue, et non pas je ne sais quel rescrit imaginaire qui aurait concédé au fils le pouvoir d'affranchir. En effet, le jurisconsulte, selon M. Fitting (2), tire du rescrit la conséquence que le fils

____

(1) De Retes, *De castrensi peculio*, dans Meerman, *Novus thesaurus juris civilis et canonici*, t. VI, p. 260 col. 2 : Quamvis *concise* Tryphoninus meus scribat, in d. § *pater* 3, Hadrianum constituisse filium manumittere posse talis peculii servum. Sed in praedicto sensu accipiendum est, ut docent Cujacius lib. 27 Dig. Juliani in l. Tribunus 20 de test. milit. ; Ant. Faber in *Juris. Pap. lit. XI princip.* 6, *illat.* 10.

(2) *Das cast. pec.*, pp. 131 et s., 309.

est véritablement propriétaire du pécule castrans, et non pas seulement autorisé à l'aliéner. Or, d'un rescrit reconnaissant au fils le pouvoir d'affranchir, on ne saurait conclure qu'il est propriétaire, mais seulement qu'il est spécialement autorisé à disposer à titre gratuit (1).

Au contraire, du rescrit d'Hadrien qui reconnaît au fils la qualité de patron, on peut tirer cette conclusion qu'il n'est pas seulement censé autorisé par le père à affranchir, ce qui laisserait le titre de patron au père, mais véritablement propriétaire, puisque ce rescrit attribue le patronage au fils. Si donc Tryphoninus parlait ici d'un rescrit, c'est de celui-là (2). Toutefois il est clair qu'il n'en pouvait parler dans les termes que nous lisons aujourd'hui, et M. Fitting a bien raison de le dire. Mais au lieu d'en conclure avec M. Fitting que le texte parle d'un autre rescrit d'Hadrien ayant permis au fils d'affranchir (rescrit qui n'a pu émaner d'Hadrien, puisque, depuis longtemps le fils militaire, pouvant tester, pouvait affranchir), nous en concluons que le texte n'est pas pur, que nous sommes en présence d'une interpolation maladroite, ou que les compilateurs, voulant ici, comme en bien d'autres passages (3), abréger le texte, en ont altéré le sens.

6. — On peut le prouver. Leur main a en effet laissé des traces reconnaissables; dans cette phrase de neuf mots ils ont trouvé le moyen de signer trois fois :

1° *Denique Hadrianus...* Pourquoi pas « divus » ? Mommsen, *Jurist. Schrif.*, 11 p. 97 et s., affirme que cette

(1) Le fils à qui la libre administration de son pécule profectice a été accordée peut aliéner à titre onéreux. Pour donner ou pour affranchir, il lui faudrait une autorisation spéciale : C. 10, C. 4, 26; fr. 7, *pr.* D. 39, 5.

(2) A moins que ce ne soit d'un rescrit donnant au fils *libéré du service* le pouvoir de tester (Inst. II, 12, *pr.*) et par conséquent d'affranchir par testament; voyez plus bas numéro 6 *in fine*.

(3) Par exemple en comparant le fr. 1 pr. D. (47, 14) avec Collatio XI, 7, 1, on voit que les compilateurs ont abrégé de moitié un rescrit d'Hadrien. Il arrive aussi parfois que le compilateur a dicté à son secrétaire, non pas le texte qu'il lisait, mais quelque chose d'approchant : Henri Appleton, *op. l.*, p. 34.

épithète est réglementaire quand un jurisconsulte cite une constitution d'un Empereur décédé et que là, où par exception, elle manque, cela tient à une négligence de l'auteur, du copiste ou des compilateurs, *surtout de ces derniers*(1). M. Fitting (*Alter und Folge*, p. 5) estime que ces causes ne suffisent pas à expliquer le nombre des exceptions à une règle protocolaire, dont il ne conteste pas d'ailleurs l'existence.

Quoi qu'il en soit, il y a ici quelque chose de décisif, ce sont les habitudes de chaque écrivain. Or, en dehors du passage litigieux, Tryphoninus cite *quatorze* fois des constitutions d'Empereurs décédés (dont trois d'Hadrien lui-même) et *quatorze* fois il leur donne du « divus » (2); jamais il n'y manque. A cette habitude constante, notre paragraphe apporte une exception unique : cela nous prouve que les compilateurs ont ici fait soit quelque interpolation, soit des abréviations, dénoncées aussi dans d'autres parties du texte par les lacunes de raisonnement qui ont fait le désespoir des commentateurs (3). Les compilateurs ont donc, ou bien forgé cette phrase; ou bien abrégé le rescrit d'Hadrien qui permettait au fils d'affranchir de *manière à devenir lui-même patron* (ce qui était l'essentiel) en n'en gardant que la faculté d'affranchir. L'absence de « divus » les trahit donc déjà, mais ils ont laissé une autre trace de leur retouche.

2° *Talis peculii* : Talis est un des mots favoris de Justinien (4) et se trouve dans quantité de textes interpolés :

(1) Sur 129 constitutions d'Hadrien citées au Digeste, *divus* se rencontre 120 fois.

(2) Lenel, Pal. Tryphoninus nᵒˢ 2, 5, 6 (bis), 9, 13, 34, 49, 56, 58, 60, 61, 67, 72. Notre texte se trouve au numéro 68.

(3) Par exemple Pothier, *Pand. Just.*, h. t. 49, 17 n° XII, note K, sur le § 5, supplée un raisonnement qui manque au texte et ne tient pas moins de sept lignes dans cette note.

(4) Il se rencontre dans les constitutions latines de Justinien presque aussi souvent que *hujusmodi*, qui est des plus fréquents et n'occupe pas moins de 2 pages dans le vocabulaire de Longo (*Bullettino dell'Ist. di Dir. rom.*, t. X); *talis* se contente d'une page et demie environ. Et remarquons avec Eisele

Eisele, (*Beitraege*, p. 229 et s.) en cite une quinzaine, et il serait aisé d'allonger la liste (1). Or comme l'a si justement remarqué Kalb (2), quand on soupçonne dans un texte la main des compilateurs, la présence d'un de ces mots favoris (*Lieblingsausdrücke*) de Justinien est précieuse pour confirmer le soupçon sans suffire bien entendu par elle seule à prouver l'intervention byzantine : il faut de plus d'autres indices (3); ici ils abondent. — En outre, dans quel but Tryphoninus aurait-il ici écrit *talis peculii*? Pour éviter la répétition du mot *castrensis*? Il la craint si peu qu'au commencement de notre texte (D. 49. 17. 19) il emploie l'expression *peculii castrensis* quatre fois en trente-trois mots et l'une de ces fois les deux expressions ne sont séparées que par quatre mots (4), tandis que dans la phrase où se trouve *talis*, il faut remonter trente et un mots ou en descendre quarante-cinq pour retrouver l'expression « castrensis peculii ».

3° Enfin la phrase en question est encore suspecte par son inutilité : on peut la supprimer sans le moindre inconvénient. Il y a donc de sérieuses raisons de craindre que le texte n'ait été altéré, soit par quelque abréviation malencontreuse, soit par l'interpolation maladroite d'un compilateur qui a cru utile de rappeler ici un rescrit

(*Beiträge*, p. 229 et s.), que Justinien emploie très souvent *talis* dans le sens purement démonstratif de « susdit », sans vouloir signaler une qualité spéciale; c'est bien dans ce sens que *talis* est pris dans notre texte : Talis peculii = peculii supradicti, ce pécule. Il ne s'agit point de l'opposer qualitativement à un autre pécule : dans tout ce texte de Tryphoninus il n'est question que du pécule castrans. *Talis* à la vérité se trouve assez fréquemment chez Tryphoninus (Lenel Pal. 13 § 16, 23, 31 *in fine*, 46 § 4, 52 § 3, 53, 58), mais jamais dans le sens purement démonstratif de « susdit ».

(1) Par ex. : D. (27. 1) 36 : (27. 10) 1. pr.

(2) *Juristenlatein*, p. 78.

(3) Eisele, *Beiträge*, p. 231.

(4)... non esse *peculii castrensis* eam hereditatem, si postea contra. — Sed si servus *peculii castrensis* a quocumque sit heres scriptus, jussu militis adire debebit hereditatem eaque fiet bonorum *castrensis peculii*. — Filius familias paganus de *peculio castrensi* fecit testamentum....

dont il n'avait malheureusement pas un souvenir suffi-
samment précis.

Mais allons plus loin; car en fait d'interpolations on
n'arrive pas toujours à quelque chose de plus que de
fortes probabilités. Supposons le texte pur : il ne prouverait rien en faveur de la thèse de M. Fitting. En effet,
on ne prend pas assez garde que dans ce long fragment.
Tryphoninus ne dit pas une seule fois qu'il parle d'un
fils encore *miles*, ce que spécifient presque tous les autres
textes de ce titre : tout au contraire, au § 1, il indique
expressément qu'il s'agit d'un fils *paganus*, libéré du
service. Il y a donc lieu de croire, jusqu'à preuve contraire, que l'hypothèse ne change pas et que dans la suite
du texte, c'est toujours d'un fils *paganus* qu'il s'agit.

Dans cette hypothèse, et dans elle seule, la phrase :
« denique filium posse manumittere talis peculii servum
Hadrianus constituit » devient l'expression de la vérité.
Car il s'agit ici d'affranchissement testamentaire : la suite
le montre : « et si testamento tam filii... ». Or il est par-
faitement exact qu'Hadrien le premier a permis au fils
paganus d'affranchir par testament les esclaves du
pécule castrans, puisque c'est cet Empereur qui a permis
le premier au fils *paganus* de faire un testament sur
son pécule castrans (Inst. II, 12, pr.).

Mais alors ce n'est pas ce rescrit-là que Julien peut
appliquer dans le fr. 22, D. 38,2, car dans ce dernier texte
Julien parle d'un affranchissement *entre-vifs* (1) fait par
un fils *miles*, tandis que dans le fragment de Tryphoninus
il s'agit d'un affranchissement *testamentaire* fait par un
fils *paganus*, affranchissement qui en effet n'a été validé
que par Hadrien. Par conséquence le fr. 22 ne prouve en
aucune façon que Julien applique les rescrits d'Hadrien
sur le pécule castrans.

7. — M. Fitting s'est donc trompé en croyant que

---

(1) *Sed quandiu vivit, inquit, praefertur filius...*

Julien, dans le texte où il dit que l'affranchi du fils a
pour patron le père (1), tenait nécessairement compte
d'un premier rescrit d'Hadrien, rescrit qui aurait pour la
première fois (!) permis au fils d'affranchir les esclaves
de son pécule castrans et sans lequel la question de
savoir quel patron avait l'affranchi n'aurait même pas
pu se poser, puisque l'affranchissement n'eût pas été
valable. Ce rescrit, que M. Fitting a cru trouver dans le
texte de Tryphoninus (2), n'a jamais existé, ni pu
exister. Bien avant Hadrien, dès qu'il y a eu un pécule
castrans, le fils a pu en affranchir les esclaves comme
nous l'avons vu.

S'imaginant bien à tort que la faculté d'affranchir ces
esclaves n'avait été concédée au fils qu'en vertu de
rescrits d'Hadrien, M. Fitting devait naturellement en
conclure que Julien s'appuyait implicitement mais nécessairement sur ces rescrits, dans le fr. **22** D. *De bonis lib.*
38. 2, extrait du livre 27. Il y suppose en effet l'affranchissement par le filius familias d'un esclave de son pécule
castrans et maintient au père le titre de patron, tout en
attribuant au fils, sa vie durant, les avantages de cette
qualité. Là-dessus Marcien remarque qu'Hadrien, au
contraire, par un rescrit adressé à Flavius Aper, reconnaît au fils lui-même le titre de patron. Donc, disait
M. Fitting, Julien connaît et applique le rescrit qui
permet au fils d'affranchir (3) et, puisque, dans le
fr. **22, D. 38, 2**; extrait du livre **27**, il ne tient pas compte
du rescrit incontesté (4) qui donne à l'affranchi pour

<hr>

(1) Fr. 22 D. *De bonis lib.* 38, 2.

(2) Fr. 19, § 3 D. *De castrensi peculio*, 49, 17.

(3) Rescrit que M. Fitting croit trouver dans le fragment de Tryphoninus.
19, D. 49, 17.

(4) Fr. 22, D. 38, 2. — Soit dit en passant, M. Fitting attribue à ce rescrit
une importance exagérée. Suivant lui un principe nouveau était ainsi introduit:
le fils a désormais sur le pécule castrans un droit de propriété véritable et
non pas seulement un pouvoir de libre disposition. — Mais les constitutions
d'Auguste, de Nerva, etc., qui permettaient au fils militaire de tester, lui

patron le fils lui-même, cela ne peut s'expliquer qu'en admettant que le livre 27 a été écrit avant qu'Hadrien eût rendu ce dernier rescrit, donc avant le décès de cet empereur! Raisonnement concluant si le point de départ est exact, mais qui s'effondre si les textes sur lesquels on l'a bâti se dérobent, ce qui arrive ici.

8. — Tout cela laisse donc entière la question de savoir si Julien, bien qu'écrivant après Hadrien, comme nous l'avons soutenu, a pu ignorer ou considérer comme une faveur individuelle le rescrit de cet empereur mentionné par Marcien, fr. 22 D. (38, 2).

Sur le premier point, est-il vraiment permis d'affirmer qu'à une époque où les rescrits n'étaient pas publiés (1) Julien a dû nécessairement connaître une lettre qu'Hadrien, à une époque inconnue, adressa à un certain Flavius Aper, impossible d'ailleurs à identifier, pour lui attribuer la qualité de patron à l'égard d'un esclave de son pécule castrans, alors surtout que la première mention de cette faveur se trouve dans un texte de Papinien (fr. 13, D. 49, 17) écrit un demi-siècle environ après les Digesta de Julien? L'argument *e silentio*, dont M. Fitting abuse parfois au dire de bons

---

reconnaissaient déjà nécessairement une propriété véritable. En effet la faculté de tester ne peut s'expliquer juridiquement par une autorisation légalement présumée du paterfamilias puisque, même avec l'autorisation expresse de son père, le fils ne saurait tester, fr. 6 pr. D. *Qui test. facere*, 28, 1. Elle repose manifestement sur une fiction faisant considérer le fils comme paterfamilias à l'égard du pécule castrans. Seul un paterfamilias peut tester : « Uti legassit *paterfamilias*..... ».

(1) Pomponius, fr. 21, § 1, D. 40, 7, écrivant après les Digesta de Julien rapporte : « Pactumeius Clemens aiebat... Imperatorem Antoninum constituisse ». Il ne connaît donc ce rescrit d'Antonin le Pieux que pour l'avoir entendu citer par Pactumeius Clemens, et ce dernier ne le connaissait que parce qu'il lui avait été adressé à lui-même pendant qu'il était légat de cet Empereur en Cilicie. — Avant la publication des constitutions de Marc-Aurèle par Papirius Justus, les rescrits sont si mal connus que Paul et Ulpien attribuent le même rescrit l'un à Antonin le Pieux, l'autre à Hadrien; Collatio XI, 6, 1 et XI, 7, 1.

juges (1), admissible pour Papinien par exemple, à une
époque où les rescrits étaient publiés, ne porte pas à
l'égard de Julien pour qui les rescrits d'Hadrien sont
comme s'ils n'existaient pas.

Pour discerner la connaissance que Julien pouvait
avoir des rescrits et le compte qu'il en tenait, il n'y a
qu'un critérium sûr : le nombre de citations qu'il en
fait. Or, bien que ses écrits occupent dans la *Palinge-
nesia* plus de place que ceux de Papinien et même que
ceux de Gaius (2), bien que nous ayons de lui directement ou indirectement plus de mille passages, et que
dans le Digeste il ne cède en étendue qu'à Ulpien et à
Paul, le nombre de rescrits d'Hadrien qu'il cite se
chiffre par zéro!

Qu'on le compare à Papinien, en ne tenant compte
bien entendu que des rescrits que Julien aurait pu citer,
ceux d'Hadrien et d'Antonin le Pieux. Papinien cite
dix rescrits d'Hadrien contre Julien zéro, et vingt-deux
rescrits d'Antonin contre Julien un, en tout trente-deux
fois plus, sans compter quelques décisions de Tibère,
Vespasien, Domitien et Trajan.

Supposons maintenant que Julien ait connu le rescrit
en question; comment peut-on affirmer qu'il n'a pas
regardé cette dérogation à des principes certains comme
une faveur individuelle, alors que, selon M. Fitting
lui-même et même sous Marc-Aurèle, les jurisconsultes traditionnalistes (et qui l'était plus que Julien chef
de l'école Sabinienne?) tenaient ces rescrits-là « pour ce
qu'ils étaient en réalité, *des dispositions exceptionnelles
et arbitraires* » (3)? Le savant Maître ajoute à la vérité :
« qu'il fallait observer dans leur lettre, mais sans en tirer

(1) Kübler, *op. laud.*, p. 15 du tirage à part, précisément à propos d'un
fragment (4 § 1 D. 41, 3) relatif au pécule castrans et dont M. Fitting conclut,
bien à tort, que Paul ignore que les donations faites par le paterfamilias à son
fils partant pour l'armée font partie du pécule castrans.

(2) Si l'on y joint ses décisions éditées par Africain.

(3) *Das Castrense peculium*, p. 129.

de plus amples conséquences, ni altérer pour cela la nature de l'institution ». Mais ne faut-il pas aller plus loin, et ces décisions « *exceptionnelles et arbitraires* » n'ont-elles pas pu être regardées par les jurisconsultes traditionnalistes, dont elles bouleversaient les principes, comme des concessions individuelles « quae personales sunt, nec ad exemplum trahuntur », fr. 1, § 2, D. 1, 4?

Et M. Fitting a bien senti lui-même la résistance que ces juristes devaient opposer à la généralisation de ces faveurs quand, après avoir admis qu'il y a eu successivement deux rescrits d'Hadrien attribuant au fils la qualité de patron (1), il ajoute : « Ce second rescrit montre combien Hadrien avait à cœur que sa volonté sur ce point ne fût *plus* méconnue par les juristes » (2). *Plus* méconnue... elle l'avait donc été ?

Quand on songe que la permission de tester donnée aux fils militaires par Auguste, a dû être renouvelée par Nerva puis par Trajan, on ne saurait s'étonner de ce que Julien, écrivant sous le successeur d'Hadrien, ait pu considérer comme une faveur exceptionnelle, qui aurait eu besoin d'être renouvelée par l'Empereur régnant, le rescrit d'Hadrien à Flavius Aper. Les Édits impériaux, qui sont pourtant des dispositions générales, n'avaient à cette époque qu'une valeur limitée à la vie de leur auteur (3). A combien plus forte raison pouvait-il en être de même des rescrits qui tranchent au profit d'une personne déterminée une question concrète.

9. — Enfin, et sans revenir sur les développements donnés précédemment au sujet de la valeur législative des rescrits (4), il faut ajouter ici une importante remarque.

(1) Celui mentionné fr. 22, D. (38, 2) et celui de fr. 13, D. (49, 17); ce seraient d'après M. Fitting deux rescrits distincts.

(2) *Das cast. pec.*, p. 129, n. 3 : « Dass in diesem Stücke sein Wille von den Juristen *micht mehr* misdeutet werde ».

(3) Voyez E. Cuq, *Institutions*, II, p. 27; Girard, *Manuel*³, p. 60, n. 1.

(4) *N. R. H.*, 1910, p. 771-779.

Pour qu'une décision émanée d'une autorité quelconque ait force de loi, non pas seulement dans le cas concret qu'elle traite, mais pour qu'elle puisse réglementer tous les cas semblables à l'avenir (1), il faut de toute nécessité une condition sans laquelle aucune loi générale ne peut devenir obligatoire : la *publication*. Il est matériellement impossible qu'il en soit autrement : comment le public, comment les juges pourraient-ils observer, appliquer, une règle renfermée dans une lettre adressée à un particulier et qui n'a pas été portée à leur connaissance? Depuis la découverte de l'inscription de Scaptoparène, on admet généralement que la force législative des rescrits dépendait de leur publication par voie d'affichage, suivie de leur insertion au *liber libellorum rescriptorum et propositorum* (2). D'ailleurs on s'accorde à reconnaître qu'un rescrit n'a force législative *pour l'avenir* que si l'Empereur a eu l'intention de lui donner cette portée (3). Le défaut de publication est exclusif de cette intention, ou tout au moins interdit de l'affirmer. Or, nous venons de constater (*supra*, n° 8) qu'au temps d'Hadrien, et même après lui, les rescrits n'arrivaient que par hasard à la connaissance des jurisconsultes, ce qui prouve qu'ils n'étaient alors l'objet d'aucune publication ; l'absence de rescrits (4) dans l'œuvre de Julien suffirait d'ailleurs à le démontrer. Il va

---

(1) Remarquez qu'en vertu du principe : « quod principi placuit, legis habet vigorem » un rescrit, même individuel, vaut loi dans le cas concret qu'il décide. Le domaine de la *lex* à Rome comprenait quantité de décisions concrètes, épuisant actuellement leur effet. Il s'agit de savoir, non pas si un rescrit a force de loi dans l'espèce, ce qui est incontestable, mais s'il a force de loi *réglementaire*, ce qui fut contesté par des Prudents, C. 12, § 2, C. *De legibus*, I, 14.

(2) Voyez Girard, *Textes*3, p. 188 et s., *Manuel*5, p. 61 ; E. Cuq, *Institutions*, II, p. 30.

(3) Voyez *N. R. H.*, 1910, p. 773 et les citations.

(4) Sauf l'exception unique du rescrit d'Antonin le Pieux, cité au fr. 18 D. *Quod metus causa*, 4, 2.

sans dire qu'une fois reproduite dans l'œuvre d'un jurisconsulte muni du *jus respondendi*, la décision du rescrit fera autorité, du moins tant qu'un nouveau rescrit,
ayant reçu la publicité nécessaire, ou un autre jurisconsulte autorisé, n'aura pas donné une solution différente.
L'Empereur, on le sait, n'est pas lié par ses propres rescrits (fr. 17, pr. D. 37, 14) ni *a fortiori* par ceux de ses
prédécesseurs; il en doit être de même des jurisconsultes
autorisés à répondre en son nom. Par des raisons de
convenance et de prudence, ces jurisconsultes pourront
s'abstenir, comme le fit Mæcianus, de contredire l'Empereur *régnant* (voyez le texte précité).

En résumé, l'ignorance ou la méconnaissance d'un
rescrit chez un jurisconsulte non postérieur à Marc-
Aurèle, ne prouve nullement que le fragment en question
ait été écrit avant le rescrit méconnu, alors du moins
que ce rescrit est cité pour la première fois dans des
textes postérieurs au fragment dont il s'agit. Tel est le
cas pour le fr. 22, D. *De bonis libertorum*, 38, 2, où Julien,
livre 27, cité par Marcien, s'écartait, très légèrement
d'ailleurs et plus théoriquement que pratiquement, de la
solution donnée par un rescrit d'Hadrien, et cela pour
maintenir un principe juridique jusqu'alors incontesté :
le fils de famille, sauf la faculté de tester qui fait de lui
fictivement, s'il en use, un *paterfamilias*, n'a que la
libre disposition du pécule castrans et les avantages
matériels qui en découlent; le titre de propriétaire et
par conséquent celui de patron des affranchis demeure
réservé au père.

Par conséquent rien ne prouve, malgré l'autorité de
M. Fitting, égaré ici par des apparences d'ailleurs
très séduisantes, que le 27ᵉ livre de Julien ait été écrit
avant la mort d'Hadrien.

Nous avons précédemment présenté plusieurs objections contre la thèse de M. Fitting qui place les
6 premiers livres de Julien avant 129, alors que le 42ᵉ

est postérieur à 148 (1). Nous avons signalé notamment combien il est invraisemblable d'admettre d'énormes interruptions dans la rédaction des Digesta (2). A ce point de vue, on pourrait ajouter quelques nouvelles observations :

Cette invraisemblance atteint son maximum d'intensité quand, comme le fait M. Fitting, on reporte le commencement des Digesta aux premières années du règne d'Hadrien, monté sur le trône en 117. Car alors le livre 42 étant postérieur à 148, on est d'accord sur ce point, Julien aurait mis une trentaine d'années au minimum à composer 41 livres et peut-être beaucoup moins. Pendant ce temps, M. Fitting suppose Julien débordé d'occupations officielles et empêché par elles de poursuivre son œuvre, tandis que M. Girard, dont l'opinion semble plus plausible, affirme le ralentissement, indéniable dit-il, de la carrière de Julien (3).

En outre, si on le fait naître en 90 ou même auparavant, comme le veut M. Fitting, et si l'on admet avec lui que la refonte de l'Édit se place au début du règne d'Hadrien, c'est-à-dire ʃpeu après 117, il faudra croire que Julien, après avoir rempli une mission si importante, a dû attendre encore trente années et la soixantaine avant d'obtenir le consulat (en 148)!

Puis, si Julien s'était mis pendant vingt ou trente ans pour le moins dans la position ridicule d'un homme qui ne peut achever l'œuvre commencée, il est probable que cela se saurait encore dans le monde des jurisconsultes cinquante ou soixante ans après, quand Paul et Ulpien écrivirent leurs traités ad Edictum; ils n'ignoreraient pas qu'il avait écrit ses premiers livres avant l'année 129, date du Sénatus-consulte Juventien. Alors Paul ne lui reprocherait pas de ne pas tenir compte du Sénatus-consulte;

(1) *N. R. H.*, 1910, p. 734-747.
(2) *Ibid.*, 1910, p. 735-738.
(3) *Ibid.*, 1910, p. 34.

Ulpien ne lui prêterait pas gratuitement la distinction du Juventien entre le possesseur de bonne et celui de mauvaise foi (1); ils diraient tout simplement l'un et l'autre : « Julien a écrit..., mais depuis le Sénatus-consulte il faut donner une autre solution », ou : « il faut distinguer ». Évidemment la pensée que Julien aurait publié le commencement de ses Digesta avant le Sénatus-consulte ne leur vient pas à l'esprit.

Enfin, si l'on admet avec M. Fitting la publication des Digesta par fragments très espacés, on doit aussi admettre qu'une fois le travail achevé on fit des copies de l'ouvrage enfin complet. Peut-on supposer que Julien aurait alors poussé la négligence, l'insouciance pour l'autorité de ses écrits, jusqu'à ne pas revoir ses premiers livres, s'ils avaient été écrits une trentaine d'années auparavant, et les mettre au courant du droit, que des Sénatus-consultes, des Édits impériaux ou même tout simplement la pratique avaient nécessairement modifié pendant un laps de temps si considérable ?

10. — Voici maintenant quelques remarques suggérées par de savants romanistes pour la correction du texte (2), extrait en apparence du livre 64, en réalité du livre 4 (3), qui permet de dater même les premiers livres des Digesta du règne d'Antonin le Pieux.

J'ai signalé dans l'article précité (4) qu'il fallait probablement lire *depereat*, et non pas *deperdat*, dans la

---

(1) Fr. 30 et 31, D. *De hereditatis petitione*, 5, 3.

(2) Fr. 18, D. *Quod metus causa*, 4, 2 : Julianus libro sexagensimo quarto Digestorum : Si ipsa res quæ ad alium pervenit, interiit, non esse locupletiorem dicemus : sin vero in pecuniam aliamve rem conversa sit, nihil amplius quærendum est, quis exitus sit, sed omnimodo locuples factus videtur, licet postea deperdat. Nam et imperator Titus Antoninus Claudio Frontino de pretiis rerum hereditariarum rescripsit ob id ipsum peti ab eo hereditatem posse, quia licet res quæ in hereditate fuerunt apud eum non sint, tamen pretium earum quo locupletem eum vel sæpius mutata specie faciendo, perinde obligat ac si corpora ipsa in eadem specie mansissent.

(3) *N. R. H.*, 1910, p. 781-790.

(4) *Ibid.*, 1910, p. 749, n. 1, 751 *in fine*, 752.

phrase : « licet postea deperdat (depereat) ». Avec *deperdat*
le texte signifie : « Si la chose (extorquée par violence)
parvenue aux mains d'un autre (que l'auteur de la violence, aux mains d'un sous-acquéreur) a péri, nous dirons
qu'il n'est pas enrichi : mais si elle a été convertie par
lui en argent ou en une autre valeur, peu importe alors le
sort (de la chose extorquée) mais il doit être en tout cas
considéré comme enrichi, *bien qu'ensuite il dissipe*
(l'argent ou la valeur acquis en échange de la chose extorquée) ». — Si au contraire on lit *depereat*, le texte veut
dire :... *bien qu'ensuite la chose extorquée vienne à périr*
(entre les mains des acquéreurs ultérieurs). C'est ainsi que
les Basiliques ont compris le fragment (1) et la construction est bien meilleure, puisque alors le sujet de la phrase,
qui est « la chose extorquée », ne change pas. La suite des
idées impose même la leçon *depereat*, qui évite en outre
de nous obliger à imputer à Julien une erreur grossière
dans l'interprétation du rescrit d'Antonin le Pieux (2).

Aussi cette si légère correction de *deperdat* en *depereat*,
indiquée dès le XVIᵉ siècle par Denys Godefroy dans ses
éditions du *Corpus juris civilis*, a-t-elle reçu récemment
d'autres approbations. M. Fitting a bien voulu me dire
qu'elle s'imposait ; M. le professeur Moriaud de Genève
regrette même que je ne l'aie pas adoptée d'emblée et seule
dans le corps de l'article précité, d'autant plus que la
thèse soutenue (à savoir que dans ce texte daté du règne
d'Antonin le Pieux [138-161] Julien ne tient aucun compte
du Sénatus-consulte Juventien de 129) n'y perdait rien.
En effet, avec *depereat* le texte signifie que si le sous-
acquéreur de la chose extorquée l'aliène, peu importe
que cette chose extorquée vienne à périr ensuite en mains
tierces, ce sous-acquéreur restant enrichi du prix touché
ou de la chose reçue en échange. A l'appui de cette solu-

(1) Bas. X, 2, 18 : ... ἐμμέντοι εἰς χρήμαρα ἢ ἕτερον πρᾶγμα μετετρέψα,
ὅιον ἂν ἀποτέλεσμα σχῇ, ἐνάγομαι ὡς δοκῶν γεγενῆσθαι πλουσιώτερος.

(2) Article précité, p. 751 et note 1.

tion, Julien rappelle ce qui se passe en matière de pétition d'hérédité ; on s'attend à ce qu'il va invoquer en ce sens le Sénatus-consulte Juventien, qui prévoit précisément, et dans des termes presque identiques (1), le cas où le possesseur d'hérédité reste enrichi du prix d'une chose héréditaire qu'il a vendue et qui a péri ensuite. Cette citation s'imposait ici, et le silence de Julien serait à lui seul éloquent dans l'espèce, mais il s'agit ici de bien autre chose que d'un argument *e silentio* : au lieu du Sénatus-consulte que l'on attend, Julien pour la première et dernière fois invoque un rescrit, lui qui n'en cite jamais ! C'est comme si un Français de notre temps écrivait : « Chez nous : en fait de meubles la possession vaut titre, *ainsi l'a décidé la Cour de cassation* ! » On en conclurait à bon droit qu'il ignore, ou veut ignorer, l'article 2279 du Code civil. De même ici pour Julien. De deux choses l'une : ou bien il ne croit pas possible d'appliquer par analogie à la pétition d'hérédité ordinaire un avis du Sénat donné en matière fiscale (2), ou bien il garde volontairement le silence sur cet avis parce qu'il est l'œuvre de son peu courtois rival, le Proculien Juventius Celsus, que Julien et même son élève Gaius s'abstiennent systématiquement de citer (3).

J'avais donc indiqué la correction *depereat* et montré brièvement que cette leçon militait autant que l'autre en faveur de la thèse soutenue. J'aurais dû sans doute y insister davantage, mais je ne pouvais pas, pour des raisons d'opportunité, la prendre pour base de mon

---

(1) *Pretia* quae ad eos rerum ex hereditate venditarum *pervenissent*, etsi eae ante petitam hereditatem *deperissent* deminutaeve fuissent, restituere debere. D. (5, 3) 20, § 6.

(2) Chez nous les recueils de jurisprudence, quand ils citent des arrêts rendus en matière d'enregistrement, ont bien soin de signaler cette circonstance, pour indiquer qu'ils ont pu être motivés par les principes spéciaux de la matière, et que par suite ils ne tirent pas nécessairement à conséquence en matière ordinaire.

(3) Voyez *N. R. H.*, 1910, p. 769, n. 2 et les citations.

argumentation. Voulant démontrer que ce fragment, écrit longtemps après le Sénatus-consulte, n'en tient aucun compte, j'ai craint, si je commençais par corriger le texte, que cette façon de procéder n'affaiblît la démonstration. Je me suis donc résigné, bien que la correction eût mes préférences, à prendre le texte tel qu'on le lit dans la Florentine, puisque, même en n'y touchant pas, on pouvait montrer que Julien n'y tenait pas compte de la disposition principale du Juventien.

M. Fitting a bien voulu m'indiquer une autre correction qui, sans changer aucunement le sens du texte, en facilite la construction grammaticale. Dans la phrase : « quia licet res quae in hereditate fuerant apud eum non sint, tamen pretium earum quo locupletem eum vel saepius mutata specie faciendo, perinde obligat ac si corpora ipsa in eadem specie mansissent », qui ne peut se construire correctement, Mommsen propose de lire *quoque* à la place de *quo*. M. Fitting préférerait lire *obligatur* au lieu de *obligat* ; le sujet de ce verbe serait alors le possesseur de l'hérédité, et la correction peut s'admettre d'autant plus facilement que la Florentine doit être ici nécessairement corrigée, puisqu'elle porte : « obliga*ta* ». Cette émendation est séduisante, mais elle en entraîne nécessairement une autre, car *pretium* au nominatif reste alors en l'air, le verbe « obligat » dont il était le sujet, lui étant enlevé. On peut croire que Julien avait écrit : « quia, licet res quae in hereditate fuerant apud eum non sint, (*manet*) tamen pretium earum, quo locupletem eum... faciendo, perinde obligat(*ur*) ac si »... Le copiste, arrivé au *t* de *sint* a cru être parvenu au *t* de *manet*, erreur d'autant plus facile que les deux graphies (*manet tamen* ou *sint tamen*) présentent deux *t* consécutifs. Sans doute M. Fitting ne ferait aucune objection à cette conséquence nécessaire de son heureuse correction. Dans tous les cas le sens du texte est clair ; ces corrections ne l'altèrent en rien, elles permettent seulement une construction correcte ; il se traduit alors avec facilité comme suit : « Car, bien que les choses héréditaires ne soient plus en sa possession, leur valeur reste et l'enrichit, malgré toutes les transformations ; par cette valeur il est obligé comme si ces choses étaient demeurées en nature entre ses mains ».

J'espère avoir montré, dans l'article précité (1) que le fragment en question (fr. 18, D. *Quod metus causa*, 4, 2) qui est daté du règne d'Antonin le Pieux, était extrait du livre 4 des Digesta et non du livre 64 et que par suite la totalité de cet ouvrage avait été écrite après la mort d'Hadrien. J'ai ajouté que M. Paul Krüger avait le premier soupçonné que le fragment n'appartenait pas au livre 64. Il n'est pas inutile d'insister sur ce dernier point pour répondre à un scrupule dont ce savant maître m'a fait part.

Dans ses Additamenta à son édition du Digeste (xie éd., 1908, p. 935 *in fine*), M. P. Krüger place sous la rubrique : « *Ad legem Aeliam Sentiam* » les livres 63, 64, 65 des Digesta de Julien. Dans le livre 64 il place, mais avec un point d'interrogation, le fragment en question ainsi : « 4, 2, 18 ? ».

Ce point d'interrogation marque un doute sur le numéro du livre lorsque le texte n'est pas placé sous une rubrique déterminée. Mais lorsque, comme dans le cas actuel, il y a une rubrique (*ad legem Aeliam Sentiam*), le point d'interrogation marque seulement, comme M. Krüger me l'a expliqué par lettre, qu'il est douteux que le texte traite *de la matière* indiquée par la rubrique. Si donc le livre *traitait plusieurs sujets*, le doute sur la rubrique *n'impliquerait pas nécessairement* un doute sur l'exactitude du numéro du livre. — Mais, dans le cas actuel, le livre 64 ne traitait qu'un seul sujet, la loi Aelia Sentia, matière fort vaste. En effet, d'après

(1) *N. R. H.*, 1910, p. 781, 789.

M. Krüger, le livre 63 traitait *déjà* et le livre 65 traitait
encore de la loi Aelia Sentia. Par conséquent le livre
intermédiaire, le livre 64, était *exclusivement* consacré à
cette même loi Aelia Sentia. Donc, en doutant que le
fr. 18, D. 4, 2 traite de la loi Aelia Sentia, M. Krüger
doute par-là même que ce texte appartienne au livre 64,
et la priorité du soupçon sur ce point lui appartient donc
toujours, malgré son scrupule.

Ce soupçon se transforme en certitude quand on réflé-
chit que non seulement le texte ne peut se référer à la loi
Aelia Sentia (1) mais encore qu'il se rapporte avec évi-
dence à l'action *Quod metus causa* dont Julien traitait
au livre 4, si bien que les compilateurs l'ont en effet
placé au titre *Quod metus causa*, dénonçant ainsi l'erreur de numéro due au copiste.

Car enfin, quand il s'agit de déterminer de quel livre a
été tiré un fragment, que faut-il consulter de préférence,
l'étiquette, le numéro, si souvent erroné, que lui ont
donné les scribes byzantins, ou bien la matière traitée
dans le fragment?

Pour répondre à cette question, qu'il nous soit permis
d'employer une comparaison dont l'exactitude excusera
la trivialité :

En cas de désaccord entre l'étiquette du flacon et la
nature de son contenu, à laquelle des deux faut-il croire
de préférence quand il s'agit de déterminer de quel
tonneau la liqueur a été tirée? Et si la bouteille étiquetée
Porto contient en réalité du *Portor*, on conclure
que le contenu a été tiré du tonneau de bière et non pas
du tonneau de vin, sera-ce une conjecture ou une consé
quence nécessaire? Et que faudra-t-il penser si, par un
surcroît de preuve bien superflu, ceux qui ont mis
l'étiquette ont accoutumé de se tromper une fois au
moins sur quarante, plus de deux fois sur cent, et si

(1) *N. R. H.*, 1910, p. 784-787.

ceux qui les emploient ont dénoncé eux-mêmes cette
erreur, en rangeant le flacon étiqueté *Porto*, dans le
casier réservé à la bière?

Tout cela se rencontre ici : les inscriptions des fragments sont erronées au moins dans la proportion indiquée (1), et les compilateurs ont rangé notre fragment
dans le titre, j'allais dire dans le casier : *Quod metus
causa* : c'est donc qu'il traitait de cette action, à laquelle
il s'adapte comme un gant, et non pas de la loi Aelia
Sentia, avec laquelle il n'a aucun rapport : on ne saurait
s'y tromper, pas plus que prendre de la bière pour du
vin (2). En effet l'on peut mettre le plus ingénieux des
interprètes au défi d'expliquer d'une manière plausible
comment ce texte pourrait se rapporter à la loi Aelia
Sentia, objet exclusif du livre 64; Cujas et Lenel y ont

(1) Sur 360 fragments environ extraits *directement* des Digesta de Julien,
on relève 9 erreurs de numéro, soit 2,5 0/0, une erreur sur quarante inscriptions.

(2) Aussi les conclusions de notre article sur la date des Digesta de Julien
ont-elles reçu, entre autres approbations, celle du compte rendu qui vient
de paraître dans la *Zeitschrift der Savignystiftung* R. A. t. XXXII, p. 412-
413 sous la signature de M. Ernst Rabel, professeur à l'Université de Goet-
tingue.

M. Girard pourtant (*Mélanges de droit romain*, 1912, p. 220, n. 1) ne veut pas
admettre que Julien ait pu regarder le sén.-cons. comme étranger aux péti-
tions d'hérédité ordinaires : Le sén.-cons., dit-il, déclare porter une règle
générale : *Idemque in similibus causis servandum.*

Mais d'abord cette phrase, au lieu de se placer à la fin du sén.-cons. et
d'en englober ainsi toutes les dispositions, n'est formulée qu'à propos de la
première. Puis, à supposer qu'elle les englobe toutes, c'est, il me semble, une
pétition de principe que de comprendre : *in similibus causis* comme s'il y
avait : *in omnibus hereditatis petitionibus*, alors que ces *similes causae* peuvent aussi, et même plus naturellement, s'entendre des procès semblables à
celui sur lequel le Sénat statuait, à savoir la revendication de caduques par
le fisc devant un tribunal administratif. Sans doute, quarante ans plus tard,
l'interprétation extensive avait prévalu (malgré l'hésitation du proconsul
d'Afrique, C. 3, 31, 1) mais assurément il n'est pas impossible (ni même invraisemblable comme nous l'avons montré) que Julien ait admis l'autre, plus
naturelle et plus respectueuse des principes traditionnels. Or, la seule
possibilité de cette interprétation suffit pour enlever toute base solide à l'hypothèse de M. Fitting.

perdu leurs peines; on ne saurait s'en étonner, il serait
en vérité aussi facile de tirer du vin d'un tonneau rempli
de bière.

Ch. APPLETON.

P.-S. — Profitons de l'occasion pour corriger quelques passages
de l'article précité (*Nouvelle Revue historique*, t. XXXIV, 1910,
p. 731-793).

P. 740, n. 1. — J'ai dit, sur la foi de M. Boulard (Salvius Julianus,
p. 46, n. 4) : « l'idée, inadmissible à mon sens, que Julien aurait
rédigé l'Edit en qualité de Questeur, paraît avoir été émise pour la
première fois par M. E. Cuq, dans un cours sur le pouvoir législatif
d'Auguste à Dioclétien ». — M. E. Cuq m'écrit à ce sujet : « J'ai indiqué cette opinion à mon cours, parce qu'elle avait été soutenue à ma
connaissance, mais en relisant mes notes je constate que, loin de me
l'approprier, j'ai signalé les raisons de douter ». — Je suis heureux
d'être d'accord avec M. E. Cuq.

P. 778. — La note 5 doit être rapportée à la page 779; elle s'applique aux mots : « conspiration du silence » de la ligne 13 de cette
page 779. La véritable note 5 de la page 778 a été omise, elle était
ainsi conçue : « Voyez C. I. L., III, 411, P. Krüger, *Sources*, p. 128,
n. 7 ».

P. 782, avant-dernière ligne, *au lieu de :* « l'L pour un X », *lisez :*
« l'X pour un L ».

P. 784, ligne 26, *au lieu de :* « est riche (*locuples*) », *lisez :* « est
enrichi (*locupletiorem*) ».

P. 790, avant-dernière ligne. — Après « si bien que », *ajoutez*
« après avoir occupé, vers l'âge de 30 ans, le Tribunat de la plèbe... ».

NOUVELLE REVUE HISTORIQUE

DÉ
DROIT FRANÇAIS ET ÉTRANGER

PUBLIÉE SOUS LA DIRECTION DE MM.

Rodolphe DARESTE
Membre de l'Institut,
Conseiller honoraire à la Cour de Cassation.

Adhémar ESMEIN
Membre de l'Institut,
Professeur à la Faculté de droit de Paris,
Président de section à l'École pratique
des Hautes-Études.

Joseph TARDIF
Docteur en droit, Archiviste-Paléographe.

Maurice PROU
Professeur à l'École des Chartes.

Georges APPERT
Docteur en droit, Secrétaire de la Rédaction.

Cette revue paraît tous les deux mois par livraisons de **10** feuilles environ
et forme chaque année un beau volume in-8° de mille pages.

Les trente premiers volumes parus (1877 à 1906) avec les Tables de
la *Revue de Législation* et de la *Nouvelle Revue historique* (1870-1885),
1 brochure... **250** fr.

Chaque volume se vend séparément : 15 fr. de 1877 à 1889 et 18 fr. de 1890 à 1900.
Les Tables seules.. **3** fr.

PRIX DE L'ABONNEMENT ANNUEL :
Pour la FRANCE........ **18** fr. — Pour l'ÉTRANGER.......... **19** fr.

VIENT DE PARAITRE : 6ᵉ Année 1911

REVUE DE DROIT INTERNATIONAL PRIVÉ
ET DE
DROIT PÉNAL INTERNATIONAL

Fondée par **A. DARRAS**
Continuée par **A. de LAPRADELLE**
Professeur agrégé à la Faculté de droit de Paris, Associé de l'Institut de droit International

SOUS LE PATRONAGE DE MM.

A. LAINÉ
Professeur à la Faculté
de droit de Paris

A. WEISS
Professeur à la Faculté
de droit de Paris

A. PILLET
Professeur à la Faculté
de droit de Paris

DE BŒCK
Professeur à la Faculté
de droit de Bordeaux

E. AUDINET
Professeur à la Faculté
de droit d'Aix

E. BARTIN
Professeur à la Faculté
de droit de Paris

et avec la collaboration de jurisconsultes, magistrats et professeurs français et étrangers

Secrétaire de la rédaction : **P. GOULÉ**, Docteur en droit, ancien magistrat

Abonnement annuel :
France......... **20** francs. — Étranger.......... **22** fr. **50**